JN440425

하늘 두 번 쳐다보고
땅 한 번 내려다보고

이광호 시집

하늘 두 번 쳐다보고
땅 한 번 내려다보고

열린출판사

■ 시인의 말

가슴에서 토해 낸 감성

문학청년을 꿈꾸던 어린 시절부터 오랫동안 묻어 두었던
심정이 꿈틀거릴 때가 종종 있었다

목사직 은퇴 후 일흔을 넘긴 나이
어색한 마음도 들지만 작은 시집 한 권 세상에 내놓는다

한평생 논리를 전개하는 글들을
머리 중심으로 풀어내 왔다
이제 가슴에서 토해 낸 감성을 조심스레 선보인다

가슴과 가슴으로 통하는 말
머리와 머리를 나누는 글보다는 조금은 인간미 넘치는

푸른 생명의 계절
언제나 은혜의 여름이다

2025년 여름
이광호

■ 목차

제1부

제2부

제3부

제4부

제5부

제1부

4월에

나뭇가지들이
감추어 두었던 꽃망울을 터뜨려
세상이 화려하다

그런데 사월 초하루
꽃샘이 꽃들을 겁박한다
아름다움을 시기한 듯
찬 기운을 몰아친다

이미 핀 꽃들은
환경을 견뎌야 할 뿐
망울 속, 가지 속
태반으로 되돌아갈 수는 없다

꽃은 깜짝 추위에 떨고 있어도
수영강도, 온천천도
여전히 아름답다

봄은 견디는 자를 위해 온다
떨리는 꽃잎마다
은총은 출렁이며 깃든다

꽃의 계절

세상의 질서가 허물어지고
거짓이 넘쳐나는 시대에도
자연은 제 본분을 잊지 않는다

얼어붙은 겨울 땅이 삼킨
각양각색의 예쁜 꽃들
봄이 오자 하나둘 그 형상을 토해 낸다
이는 꽃들의 힘이 아니라
겨울을 정복한 봄의 힘이리라

꽃들은 지난해의 아름다움을 이어 가며
올해도 피었으되 작년 꽃처럼 보인다

다르지만 같은,
같지만 또 다른 생명의 패턴

그러나 인간은 저보다 아름다운 것을 시샘하고
열등감에 갇혀 자신을 돋보이려 발버둥친다

꽃은 겨울을 견딘다
인간은 비교를 견디지 못한다

꽃들의 공격

봄꽃 만발한 날
그만, 아름다움에 취해 버렸다

분홍빛 벚꽃, 노란 개나리,
하얀 목련이 일제히 웃을 때
세상이 다정해지는 줄 알았다

모든 꽃들이 나를 축복하는 듯
걸음마다 꽃길이 깔리고
숨쉬는 공기마저 향기로웠다

하지만 그건 환영일 뿐,
며칠 뒤 산야에 피어난 꽃들이
정적을 깨며 꽃가루 분사를 시작했다
고운 것들이 보이지 않는 공격을 감행했다

콧속은 막히고 눈은 따갑고
목은 간질거리기 시작했다
기관지가 약한 나는
매일 아침 전쟁을 치르듯 기침했다

화려하던 꽃잎은 지고

바람 따라 흩날리는 건 잔인한 분말들

꽃들이 나를 비웃는 것만 같았다
앙상한 겨울산을 물들이며
그토록 고요하게 피던 이들이
이젠 전투적인 자세로 숨통을 조여온다

모든 꽃을
싸잡아 원망하는 건 아니지만
오늘만은 예외다

내일이면 나아지리라
꽃도, 나도, 조금은 잠잠해지리라
콧물을 훔치며 다짐해 본다

아름다움에 취해 사는 인간
늘 그렇듯, 내일의 고통을 오늘은 모른다

사랑의 한계

– 아들 준우를 위하여

사랑하는 이를 위해서라면
가진 것 아낌없이 내어줄 수 있다

모든 것을 걸고 대신 싸워 줄 수도 있다
망설임 없이 목숨을 내어줄 수도 있다
긴 시간 함께 울어 줄 수도 있다

그러나, 사랑하는 이를 위해
대신 아파줄 수는 없다

단 하나의 통증도 나눠 가질 수 없다
그것이 인간이 가진
사랑의 절박한 한계다

병상에 누운 아들을 바라보며
아비는 찢겨 나가는 가슴을
가만히 붙잡는다

그때, 고요히 다가오는
주님의 무한한 사랑

그분만이 자녀의 고통을

온전히 감당하시고
몸소 짊어지신다

오늘, 내 무력함 속에서
하나님의 사랑이 얼마나 크고 깊은지
비로소 알게 된다

봄은 왔는데 아직 봄이

곱고 화사한 봄꽃들
차가운 겨울의 횡포를 이겨 냈다

긴 겨울 동안
매서운 바람과 세찬 눈보라가
가냘픈 가지들을 괴롭혀 왔으나
자그만 꽃망울들이
그 겨울의 무릎을 꿇렸다

이제, 봄꽃들은
푸른 계절을 향해
장엄한 나팔을 불고 있다

그런데,
어딘가 음습한 그늘 아래
봄은 온 듯하나
아직 오지 않았다

냉장고 같은 공기와
소리 없는 바람
여전히 마음을 휘감는다

언제쯤
진짜 봄이 와줄까
나뭇가지마다 움튼 꽃눈들
보일 듯 말 듯 숨죽인다

겨울을 이긴 봄의 승전가
이 작은 가슴에도
울려 퍼질 수 있을까

사랑하는 아들을 먼저 보내고

2020년 3월 30일 오후 4시 41분,
둘째 아들 준우가 33년생을 마감했다
태어난 곳 영남대 병원, 떠난 자리도 그 자리

코로나 때문은 아니었지만
병원 안, 하얀 방호복 입은 의료진
삼엄한 공기가 이별을 더욱 무겁게 했다
아들이 즐기던 금호강변엔 벚꽃이 만발하고
그토록 좋아하던 하얀색이 유난히 낯설고 서늘했다

이제 준우는 바이러스도 고통도 없는 나라
벚꽃보다 더 영원히 아름다운 천국에 있다

심한 장애에도 가정과 교회에 큰 기쁨이었던 아이
남을 미워하지 않았고 미움 받지도 않았던
사랑이 많았고, 끝없이 사랑받은 삼십대의 아들

동산을 덮은 벚꽃과 개나리, 진달래처럼
봄마다 다시 우리 곁을 돌듯이
이제 믿음의 조상들처럼 집 근처 부활동산에 있다

준우는 늘 수없이 조르듯 말했다 "아빠, 기도해요"

우리는 손을 맞잡고 함께 기도하곤 했다
교회와 사회, 나라를 위해

성경을 읽어 주면 즐거워했고
주일에 안 보이는 성도들을 기억해 내며
궁금해 하고 애달파 하던 아이
주님의 나라에서 다시 만날 준우는 얼마나 멋질까
그날을 생각하면 기쁘고 설렌다

이제는 더 이상 슬퍼하지 않으리라
천상을 바라보며 기뻐하고 감사하리라
흘리는 눈물조차 주님을 향한 감사의 눈물이리라

사실, 고통의 삶을 살아가야 할 쪽은 남은 우리인데
이미 평안에 안착한 이를 슬퍼하는 건
어쩌면 인간의 모순일지도 모르겠다

잠시 헤어진 이 현실, 한없이 서운하지만
주님 다시 오실 그날을 바라보며 복음을 품은 삶
준우처럼 성실히 살아 내야겠다

슬픈 4월 초하루

– 먼저 간 아들을 생각하며

하늘도 땅도 자연도
작년 오늘과 오늘의 오늘 별 차이 없다
작년 이 날, 교회 식구들과 함께
사랑하는 아들과 잠시 이별하며
감사와 슬픔이 교차하던 그날

복음을 아직 모르는 이들은
육신의 생사로 산 자와 죽은 자를 나누고
시간 속에 영혼을 묶어 두지만

우리는 안다 죽음이 아니라 구별은
하나님께 속한 자와 그렇지 않은 자
영원한 공간의 자리매김임을

죽음이 생명을 압도한 듯하지만
빛은 이미 어둠을 이겼다
세상은 여전히 육신의 생을 절대화 하지만
우리는 안다 영혼의 본질은
육신의 유한을 초월한다는 것을

작년 오늘도 개나리와 진달래 만발했고
올해도 어김없이 다시 피었다

겨울의 억압을 뚫고 꽃봉오리 품은 가지마다
봄의 함성과 부활의 신비로 떨고 있다

그 차가운 겨울은 스스로 물러난 게 아니라
꽃들의 힘에 밀려 저만치 도망쳤다
그때처럼 지금도 눈에 보이지 않는
작은 바이러스에 사람들은 떨고 있다

그럼에도 서로 헐뜯고 짓밟고 군림하려는
욕망의 싸움은 조금도 멈추지 않는다
허세와 자만 속에서도 작은 병균 하나 앞에
우왕좌왕 허물어지는 인간들

그 와중에 4월 초하루 오늘의 꽃들은
유난히 고운 얼굴로 살랑살랑 바람에 춤춘다
욕망에 잡힌 인간들을 조용히 비웃는 듯하다

하나님의 도우심 없이는 인간은 만물 중에
가장 나약하고 비참한 존재임을
꽃들과 바이러스가 오늘도 함께 증언하고 있다

호스피스 병실의 어머니

– 안타까움과 감사의 노래

2023년 7월 1일, 침묵의 병상 위
노쇠한 어머니가 누워 계신다
내겐 여전히 복되고 어여쁘신 모습

주위엔 식구들이 조용히 둘러 서 있고
촉촉한 눈물이 눈가를 적신다

순간, 호스피스 병실의 공기를 가르며
믿음의 여인이 가느다란 목소리로 반복한다
"하나님만 믿자. 하나님만 믿자"

곁에 선 자들보다 누우신 이의
사랑과 믿음이 더 깊고 절실하다

영원한 천국을 바라보는 이의 눈빛이
이 땅의 나그네 길을 잠시 자랑하며 사는
우리의 어리석음을 부끄럽게 한다

하나님의 은혜를 입은 아들은
한 성도의 마지막을 지켜보며
다시 한 번, 감사의 마음을 되새긴다

'언약의 통' 속 어머니

– 2023년 7월 18일, 짧은 이별

태어나 유아세례를 받자마자
곧장 '언약의 통' 속으로 들어가신 어머니
구십 평생 그 '언약의 통' 안에서
하나님의 보호 아래 복된 삶을 누리셨다

선물로 받으신 오남매 한 명 한 명
'언약의 통' 안에 굳건히 세우신 믿음의 여인
타락한 세상과 구별되어
천상 나라와 연결된 신비로운 언약의 통

하나님의 섭리로 어머니는 먼저
그 통을 따라 천상의 자리로 올라가셨다
남겨진 우리는 여전히 그 안에서
앞선 발자취 따라 믿음의 순례를 이어간다

'언약의 통'의 원형 노아의 방주와
거룩한 언약궤가 겹쳐 떠오르고
그 깊은 중심에서 기쁨의 노래 소리가
조용히 흘러 나온다

애도의 축제 현장

– 어머니 장례식에서

관 속에 누운 한 사람이
여기저기 흩어져 살던 이들을
한자리에 불러 모은다

삶에 지친 이들
갈라졌던 이들
말없이 모여든다

슬픔에 젖은 얼굴들 위로
속에 쌓인 이기적 분노를 털어 내라는
무언의 메시지가 선포된다

한의 씨앗이 뿌려진 마음밭
자기만 옳다고 믿으며 이웃을 외면하고
오만으로 살아온 가련한 인생들

죽은 자는 관 속에서도
산 자들을 조용히 타이른다
손을 내밀라, 용서하라, 화해하라

환희의 축제와는 사뭇 다른
슬픔과 고요 속에서

본능의 감정들이 정직하게 지나간다

관 속 죽은 자를 중심으로 펼쳐지는
이 신령한 애도의 축제는
인생을 돌아보게 하는 경이로운 공간이다

칠순

별 생각 없이 살아온 내 인생
야심도 없었고 특별한 꿈도 없었다

그저 천방지축 마음 가는 대로 흘러왔는데
그 속에 역사하신 하나님께 감사하다

얼마 전, 한 교인이 느닷없이 말했다
칠순이신데 조용히 멋진 잔치 준비할게요

그 말에 주마등처럼 스치는 동갑내기 얼굴들
웃음 띤 채 멀리서 나를 보는 듯했다

칠십 평생, 혼자였던 적은 없었다
비록 멀리 흩어져 살아왔지만
보이지 않는 줄로 이어져 있었다

벌써 칠순이라니 문득 떠오른다
북두칠성, 일곱 개의 거대한 별들
서로 다른 자리에 있지만
하나의 별자리를 이룬 그 모습

하나님께서 이끌어 오신 삶

이제야 비로소 철이 들었는지
마음 따뜻하게 돌아볼 수 있다

올해가 지나기 전 흩어진 친구들
한 자리에 모여 회포라도 풀까
생각하니 가슴에 환한 등불이 켜진다

꽃들의 절규

– 아내에게

쉬—ㅅ—
꽃망울 터지는 소리 들리는가
저 산등성이, 들녘 구석구석에서
절규하는 꽃들의 음성

긴 겨울잠에 빠져 있던 봄조차
그 소리에 놀라 몸을 비틀며 꿈틀거린다
잠든 세상의 귓속에 울컥이는 망울 하나,
개구리도 놀라 진흙 속 눈을 뜬다

꽃들은 고요한 생을 깨뜨리며
산에서, 들에서 제 몸을 찢듯 피어난다
그 고통, 그 절박함이
겨울잠에 취한 생명을 깨우는 신호탄

이 땅에서 비명처럼 터진 꽃망울 소리
먼 북극 빙설 속에서도 곰 한 마리 등을 돌린다

인간은 귓전을 울리는 그 절규에 귀 막고
여전히 잠든 채 봄의 아픔을 외면한다
그들은 꽃의 고통은 모르고 아름다움만 탐한다

경주 보문호

보문호 물고기들
수면 가까이로 올라오며
물속 봄을 예감하는 듯하다

코로나19로
인간은 마스크 속에서 떨고 있지만
겨우내 떨던 나무는
고운 생명을 슬며시 내민다

새순은 코 삼아
봄 내음 맡고
꽃망울은 눈 삼아
세상을 바라보려 한다

지구의 색과 공기는 변해 가는데
바이러스는 인간을 숙주 삼아
어디로 튈지 알 수 없다

호랑이도 무서워하지 않던 우리
이 작은 미생물 앞에
더는 떨고만 있을 수는 없다

제2부

홑바위 섬

– 바닷속 산맥의 최고봉

광활한 바다 위 외로운 바위 하나
끊임없이 몰려드는 파도에
제 몸 하나 가누기도 버겁다

비틀거리며 버티는 그 모습 처량해도
외양은 진실의 얕은 껍질일 뿐

그 아래, 바닷물에 덮인 거대한 세계
묵묵히 제자리를 지키는
해저 산맥의 우뚝한 정점

우린 모른다, 그 바위가 얼마나 깊고 오래
산맥의 심장을 등에 이고 포효해 왔는지

멋모른 인간들은
그저 돌덩이쯤으로 여기나
견고한 권세로 시간의 왕좌에 앉아 있다

바다는 낮은 곳에 있지만
진정 높은 것은 깊은 곳에 깃든다

바다 세계

눈앞에 펼쳐진 짙푸른 바다
일렁이는 파도, 나를 압도한다

그 아래, 거대한 해저 산맥이 누워 있다
깊은 골과 높은 능선 사이로
신비의 풍경이 숨어 있다

굽이진 산줄기로 떼 지은 어류들
골짜기를 누비며 유유히 흐른다

한쪽엔 붉은 산호, 연분홍 물결
꼬리 살랑이며 서로를 유혹한다

인간은 땀 흘려 산을 오르지만
물고기들은 땀 한 방울 없이
상하를 자유로이 유영한다

분주한 낮을 마친 바다 생명들
밀려오는 밤을 기다린다
적막이 깊을수록
생명의 숨은 더 또렷해진다

빛과 색깔

색깔은 빛을 먹고 살아간다
예쁜 꽃들의 아름다운 색은
빛의 힘으로 비로소 드러난다

깜깜한 흑암 속에서는
빨주노초파남보의
찬란한 아름다움도
무색으로 돌아간다

밤이면 모든 색은 그렇게 사라진다
눈에 보이지 않는 것이 아니라
빛이 사라져 본래의 무색으로 돌아간다

그러나 또다시 빛이 비치면
숨죽였던 색상은 살아나고
낮의 아름다움은 다시 피어난다

우리는 색을 즐기며
빛의 고마움을 자주 잊는다
아름다움은 스스로 빛나는 것이 아니라
비추는 빛 위에 서 있을 뿐이다

옛날과 지금

옛날에는 내가 틀리고 부모님이 옳다고 믿었다

옛날에는 내가 틀리고 선생님이 옳다고 믿었다

옛날에는 내가 틀리고 어른들이 옳다고 믿었다

옛날에는 내가 틀리고 목사님이 옳다고 믿었다

세월이 흘러

지금은 부모님이 틀리고 자기가 옳다고 믿는다

지금은 선생님이 틀리고 자기가 옳다고 믿는다

지금은 어른들이 틀리고 자기가 옳다고 믿는다

지금은 목사님이 틀리고 자기가 옳다고 믿는다

우리가 살아가는 이 세상 정상이라 말할 수 없다

산 자와 죽은 자의 대화

산속 외딴 곳 푸른 이불 덮은 미뿔 군집
그 아래 묻힌 마른 뼈 조각들
풀밭을 밟은 후손을 조용히 바라본다

산 자들은 조상 앞에 뜬소리 늘어놓으며
행운과 복을 구걸하듯 욕망을 뿜어댄다

무덤 속 뼈들은 가는 소리로 속삭인다
"인간답게 살아라"
"무덤 속 들여다보면 너희 미래가 보인다"
조상들의 간곡한 목소리 산을 타고 퍼진다

산 자와 죽은 자의 엇갈리는 대화
산 자는 허망한 소리를 외치고
죽은 자는 교훈의 진한 말들을 뿜는다

위태로운 시대의 풍조 속에서
무덤 속 절절한 목소리에 귀를 기울이는
후손이 있기를 간절히 바란다

* 미뿔: 묘의 봉우리를 일컫는 경상도 방언

웃음

웃는 얼굴을 반기는 건
지극히 자연스러운 일
주변을 환히 밝히는 웃음은
삶에 불가결한 필수 요소이다

그러나 웃는 얼굴을 무기 삼아
상대의 경계를 무장 해제시키는
위장술도 있다

미소 띤 인상 속에 숨긴 위선의 공간
그 얼굴 뒤로 검은 그물망이 쳐져 있다

웃음 뒤에 감춘 비수는
언제 터질지 모를 위험을 예고한다

신뢰가 무너진 각박한 시대
우리에겐 이웃을 살리는
진실한 웃음이 필요하다

음식 맛

같은 음식도 누가 만들었느냐
어디서 먹느냐에 따라 맛이 달라진다

만든 이에게 품은 고마운 마음 하나
그 맛을 더욱 깊게 한다
그래서 집 밥은 늘 맛있다

누구와 함께 먹느냐에 따라
똑같은 음식도 전혀 다른 맛을 낸다

사랑하는 이들과 함께 둘러앉은 밥상
무엇을 먹든 꿀맛이다

하지만 원수와 마주한 밥상이라면
진수성찬도 모래를 씹는 기분이다

같은 음식이라 해도 만든 이와
옆에 앉은 사람이 그 맛을 조절한다

음식 맛은 음식물 자체가 아니라
결국 사람에게서 난다

소중한 이웃

하나님을 경외하는 지혜로운 자는
불안한 세상 속에서도 좋은 이웃과
더불어 참된 복을 누린다

건강, 능력, 부유함이
이웃됨의 조건일 수 없다

전쟁이 들끓고 질병이 창궐할 때에도
참된 이웃은 서로 손을 맞잡고 걸어간다

삶이 벼랑 끝에 몰릴 때
눈물로 서로를 위로하고 함께 견뎌 낸다

모든 소유가 한순간에 사라진다 해도
참된 이웃은 그 고통을 외면하지 않는다

켜켜이 쌓여 온 신뢰
세상에선 좀처럼 보기 어렵지만
가정과 언약공동체 안에는 여전히 존재한다

전문인 정신

의사가 되려는 이는 명예나 부가 아니라
질병으로 고통 받는 이들을 위한
치유의 마음부터 품어야 한다

판검사 되려는 이는 출세보다 정의를 위해
억울한 자 없이 곧은 저울을 들어야 한다

정치인 되려는 이는 백성의 안녕을 품고
권력보다 섬김과 봉사의 자리로 나아가야 한다

학자가 되려는 이는 다음 세대를 위한 성실한 연구로
업적보다 교육의 참 길을 밝혀야 한다

언론인이 되려는 이는 시민의 눈과 귀가 되어
이슈보다 진실을 왜곡 없이 전해야 한다

목회자가 되려는 이는
직업인이 아니라, 하나님의 진리를 전하는
신실한 도구가 되어야 한다

모든 전문인은 이웃을 위한 마음으로
이기심을 버리고 이타의 심성을 지녀야 한다

기본 정신을 갖춘 전문인이 많을수록
내일의 사회는 밝아지겠지만
그 정신을 버린 자들이 늘어날수록
암울한 미래가 도래할 것이다

우리의 현실은 전문지식 앞세운 자들의
그 욕망이 젊은이의 꿈을 꺾고
서글픈 시대의 분위기를 만들고 있다

그러나, 다음 세대를 위해
건전한 자세를 갖춘 선배들이
사회에 봉사하며 살아가는 모습을 보일 때
그 성실한 심성이 희망의 밑거름이 될 것이다

돈 돈 돈

죽은 뒤 손에 쥔 돈다발은
한낱 쓰레기에 지나지 않는다
그 허망한 실체를 모르는 이 없다

그럼에도 어리석은 자들
죽음이 문 앞까지 다가와도
돈다발 키우기에 혈안이 되어 있다

욕망을 감싸는 물질 덩어리
성공을 판단하는 왜곡된 잣대
그 허상 때문에 인간들은 속고 있다

거짓 지혜에 눈먼 인생들
스스로 만든 투명 유리 속에 갇혀
물질의 노예가 된 줄도 모르고
그 자리를 점점 굳혀간다

유리벽 너머를 어슬렁거리는 자들은
부러움의 눈길을 보내고
그 안의 자들은 오만한 얼굴로 으스대며
본질을 착각한 채 위선을 연기한다

공부의 목적

참된 공부란
이웃을 위한 봉사의 방편이다

그 정신이 없다면
예리한 칼자루를 쥐는 것과 같다

무너진 사회의 중심에는
학창 시절 머리 좋던
공부꾼들이 똬리 틀고 앉아 있다

그들은 합법을 가장해
교육 받지 못한 여리고 순한 자들을
은근히 유린하고 있다

공부란 선한 일을 도모하기 위한 과정
이웃과 나누기 위한 것이다

그러나 그 정신을 잃은 공부는
이웃을 착취하는 도구가 되고
공공선을 해치는
정반대의 현상을 만들어 낸다

드넓은 바다, 울창한 숲

드넓은 바다, 물고기들에게
최적의 터전인 줄 알았다
그런데 작은 어항 속 물고기들이
더 안전해 보인다

울창한 숲, 동물들이
자유롭게 뛰노는 영역인 줄 알았다
그런데 집 안 우리 속에 있는
동물들이 더 평안해 보인다

열린 바다와 산지는
약육강식의 투쟁이 되풀이되는 곳
생명을 위협하는 독성 물질까지 덮여 간다

피할 곳이 사라지고 있다
누군가의 보살핌 아래 안정된 공간이란
어항 속과 우리 안일지도 모른다

그곳에는 독성 물질도, 방사능도 없다
후쿠시마 원전을 보며 드는 생각이다

교회 안에 굳건히 갇힌 성도들

세상 어떤 것도 그들을 해칠 수 없다
어느 누구도 그 영역을 침범치 못한다

지금, 무너지는 세상을 보며
또 다시 이런 생각이 든다

태풍

오만과 위선으로 가득 찬 인간들
태풍의 위력 앞에 맥없이 떨고 있다

무섭게 휩쓸고 간 바람의 자리에
초토화된 인간의 민낯이 드러난다

인간이 오염시킨 하늘과 강, 도시와 골목
태풍은 오물을 말갛게 씻어 내어
산속 나뭇잎까지 더없이 맑고 깨끗해졌다

태풍, 그대는 파괴자인가 청소부인가

인간의 판단을 초월한 자연의 힘
그 무심한 휩쓸림 속에 경외심이 솟구친다

자연 앞에 마땅히 가져야 할
겸손이라는 자세를
우리는 또 한 번 배운다

제3부

구겨진 도화지

조건 없이 베푼 도움의 손길
그는, 그게 성도의 사랑인 줄 알았다.
이웃을 위한 순수한 배려로 받으리라 여겼다.

그것이 비난의 쓴뿌리가 되고
원망의 부메랑으로 돌아올 줄은 몰랐다.
추호도 상상할 수 없는 일이었다.

그에게는, 누군가로부터
칭찬 받고자 하는 마음은 없었다
유치한 자긍심 만족을 위함도 아니었다
도움이 필요한 이웃을 생각했을 뿐이다

그러나, 그에게 돌아온
이용당했다는 소리는 듣기 거북한가 보다
그 까닭을 알 수 없어 더욱 난감해 한다

구겨져 버린 하얀 도화지
부자연스런 뒤틀린 관계
신뢰의 근본이 파괴된 세상이 두려운가 보다

은밀한 말잔치

애먼 이웃을 지목해
뒤에서 깎아내리는 자들
한 자리에 둘러앉아
은밀한 배신의 말잔치를 벌인다

상 위엔 온갖 말 반찬, 근거 없는
소문과 쓸쓸한 험담이 입맛을 돋운다

뒷방 구석에서 모함을 즐기며
왁자지껄한 분위기에 들떠 있다

그러다 갑작스레 불청객이 들어서자
말 반찬은 즉시 바뀌고
잔치는 순식간에 냉랭한 식탁으로 변한다

그 말잔치에 끼지 못한 자
영문도 모른 채 은근히 따돌림 당한다

보이지 않지만 선명한 경계선
배신의 말잔치 속에서
순한 불청객은 일순간 바보가 된다

가시

손이 닿지 않는 등짝에
날카로운 가시 하나 박혀 있다
피가 흘러 내린다

그것을 뽑아 보려 몸을 뒤틀고
팔을 뻗어도 손이 닿지 않는다

보이지 않게 하려고 두터운 옷을 껴입고
순박한 이웃들을 위해 내색을 삼가 본다

고통을 아는 이들에게 하소연도 해 본다
병원에 데려가 달라
가시 좀 빼 달라 애원해 본다

하지만 돌아오는 말은
참고 기다리라, 잊고 사는 게 상책이다

나의 등짝에 박힌 가시
그들에게는 현실적 고통으로
느껴지지 않는가 보다

고통은 집단 폭행이나 거대한 슬픔만이 아니다

때로는 보이지 않는 단 하나의 가시로도
사람을 무너뜨릴 수 있다

인간이 겪는 고통의 성질에 대해
묵상하다 문득 생각을 멈춘다

아무리 날카로운 가시라 해도
사도 바울의 가시엔 비할 수 없고

칼빈의 고단한 병상 위 눈물 앞엔
그저 조용히 머리 숙일 수밖에 없다

믿음의 선배들이 감내한
극한의 고통을 떠올리며
내 가시를 묵묵히 바라본다

무자비한 사탄의 공격

주변에 아무도 보이지 않는다
나 홀로 깊은 어둠 속에 서 있다

사탄의 잔인한 공격은 수단 방법을 안 가린다
동서남북에서 내 안팎을 찌르는 화살촉
심장과 머리를 겨누고 날아든다

내가 과연 그럴 만한 대상인가
나를 쓰러뜨려 사탄이 승리의 축배를 들려는가

피신처는 보이지 않고 온 세상이 캄캄하다
그러나 여기서 무릎 꿇을 순 없다

맡겨진 사명을 위해 피투성이가 되고
심장이 멎어도 이 선한 싸움을 멈춰선 안 된다

피범벅 된 눈 너머 선명하게 떠오르는
영원한 피난처 천상의 나라

고통 중에도 기쁨의 눈물이
뜨겁게 흘러 내린다

유년 주일학교 '배하진'

사흘 동안 진행된 여름 사경회
히브리서, 신구약을 잇는, 쉽지 않은 말씀
신실한 자세로 말씀 앞에 앉아 준
교우들이 고마웠다

이불과 먹거리 싸들고 와
며칠간 예배당에서 함께 먹고 자고
성도의 교제 시간이 아름답고 정겨웠다

내 머릿속에 줄곧 안 떠나던 장면 하나
부모 옆에 앉아 눈망울 반짝이며
말씀을 듣던 유년 주일학교 아이들

사경회 후 하진이가 작은 입술로 건넨 말
"목사님, 오래오래 우리에게
성경 말씀 가르쳐 주세요"

신앙의 취향 따라 환경에 반응하는 어른과 달리
말씀을 사모한 하진이의 말이 심장을 울렸다
연한 입술로 전한 가장 강한 메시지
사명에 다시 불이 붙는다

가짜와 진짜

부부의 사랑은 겉모양만으로
쉽게 판가름할 수 없다

그 안엔 이기적인 사랑도
참된 사랑도 함께 숨어 있다

분별하기 어렵게 보여도
의외로 쉬운 방법이 있다

부부가 크게 다툰 어느 날
한쪽이 "이혼하자, 갈라서자" 말할 때

그 말에 "그래, 그러자"고
응답하는 쪽의 사랑은 참이라 할 수 없다

반대로 "절대로 그럴 수 없다"고
매달리는 쪽, 그 사랑이 진짜다

가짜가 큰소리치며 힘을 얻고
진짜는 말없이 뒷걸음질 치다 사라지는 세상
그런 시대가 안타깝기 그지없다

매와 권징

건강한 시대엔 매와 권징이 살아 있고
위험한 시대엔 매와 권징이 사라진다

어릴 때 적절한 매가 없으면
어른 되어 더 큰 매를 산다

어릴 때 적절한 매를 맞으면
어른 되어 그 매를 피한다

신앙이 어릴 때 정당한 권징이 없으면
신앙은 뒤틀리고 믿음은 흔들린다

정당한 권징이 있으면
성숙한 신앙이 그 뒤를 따른다

징계 없는 어두운 미래
징계 있는 안정된 미래

권징은 하나님의 진노를 막는 거룩한 방편
사랑의 징표는 매와 권징이다

혼돈의 시대와 교회

개인의 취향에 따라
이 교회 저 교회를 떠도는
시대적 종교 낭인들
안타깝고, 서글픈 현상

두뇌 속 깊이 얼개 쳐진
주관적 지식에만 기댄 채
신앙의 중심을 잃은 자들

암울한 배신의 시대
구심점은 사라지고
위험한 파도타기만 계속된다

말씀을 짓밟고 솟아오른
무지갯빛 허망한 메아리
한 치 앞도 내다볼 수 없는 시간

소망 없는 암담한 현실
인간의 뾰족한 묘안은 없다
오직 주님만 의지할 따름이다

불신 시대

"각기 자기 소견대로 행하였더라"
사사시대의 말씀이 우리의 현실을 찌른다

자기주장 내세우기 바쁜 자들에겐
하나님의 언약은 장식품에 지나지 않는다

현대 교회 곳곳에 넘쳐나는 불신앙
말씀은 밀려나고 종교인이 중심을 차지했다

겉만 화려한 천박한 자부심, 종교심을 뽐내며
무늬만 남은 자기부인自己否認의 행태로
불신의 늪으로 빠져든다

그 속에서 은혜는 이성의 한계를 뚫고
조용히 열매 맺는다

지상 교회를 세우려는 한 줌의 사람들
하나님의 뜻에 끝까지 순종하고자
오늘도 몸부림친다

온전한 예배 참여

매주일 공예배에 참석하는 성도들
그 자리를 채우는 것만으로
예배가 완성되는 것은 아니다

선포되는 말씀 앞에
전심으로 참여할 때
감사와 찬송이
하늘을 향해 우러난다

이성주의적 종교 습성
성경을 벗어난 신앙 태도는
하나님을 경외하는 마음을
조용히 소멸시킨다

참된 교회를 세우기 위해
세워진 직분자들은
공예배를 이어가는 직임을
신실하게 감당해야 한다

그 신실함 위에 온전한 예배가
하나님 앞에 드려진다

언약 공동체

하늘에서 계시된 흔들림 없는 하나님의 말씀
역사적 신앙고백 위에 언약 공동체는 세워진다

그 거룩한 터를 허무는 교활한 여우들
종교적 욕망에 찌든 사악한 자들
권세의 자리를 확보해 뻔뻔히 앉아 있다

예수 그리스도의 피를 밀어 내고
천박한 야망을 탑처럼 쌓는 종교꾼들
양고기를 앞에 두고 교인을 속이며
무지한 백성을 개고기 삼아 즐긴다

세상의 것으로 치장된 화려한 외양
속은 썩어 문드러진 부패한 심성
그들은 모래 위에 서둘러 집을 세우고 있다

그러나 그 와중에도 흔들림 없는 신앙으로
언약 안에 거하는 백성들이 있다
고통 속에서도 천상의 소망을 품고
말씀 위에 굳게 선다

배도의 시대 교회 양상

배도의 시대에는
배도 행위가 일반화 된다
누가 배도자인지 알아보기 어렵고
자신조차 그 사실을 인식 못한다

믿음의 선배들이 참 교회를 위해
제시한 세 가지 조건

순수한 말씀 선포
올바른 성례 시행
정당한 권징 사역

이 셋을 갖춘 곳이 참 교회이고
그렇지 않으면 거짓 교회다

참 교회에 속한 성도들은
어렵고 힘든 길 속에서도
천상의 은혜를 누리며
인생 여정을 이어간다

그러나 한편, 유혹에 흔들려
참 교회를 떠나

거짓 교회의 자발적 구성원이 되는
슬프고 안타까운 일이 끝없이 일어난다

천상을 향한 기도

아무도 없는 빈 골방
홀로 조용히 앉아
천상을 바라본다

눈앞에 펼쳐진 성경책
그 안에 선명히 떠오르는
십자가의 빛

성령의 세미한 음성이
귓가에 속삭인다

영원한 진리 안에서
예수 그리스도의 이름으로
하나님과 깊이 교통한다

심령에서 울려 나오는 기도
방 안을 가득 채우고

천상을 향한 간절한 소망
은혜로운 찬송과 함께
하늘로 올라간다

주일과 공예배

주일 성수는 “밖에서 음식 사 먹지 말라”는
단순한 율법적 규례가 아니다
“하나님 말씀에 온전히 순종하라”는
언약의 의미가 담겨 있다

현대 교회는 모든 것을 제멋대로 해석하고
인간의 취향에 따라 행동한다

그러나 주일은 영광의 주님을 기억하며
온 교회가 주님 앞으로 나아가는 ‘주의 날’이다
주님의 날이기에 편의대로 판단하거나
제 맘대로 살아서는 안 된다

‘언약의 주일’은 시간을 넘어 공간 개념을 동반한다
칠일 중 하루가 시간 속에서 구별되듯
교회는 공간 속에서 세상과 구별된다

주일을 지키는 자들은
시공간이 아우러지는 그날
언약을 확인하며 공예배로 나아간다

세상에 흩어진 성도들은 그날,

자기가 속한 교회로 모여든다
복음을 모르는 자들은
그 세상에 여전히 남아 있다

거룩한 교회와 타락한 세상 사이
뚜렷한 언약의 경계선이 존재한다
주일이 오면 모든 성도는
어디에 있든 언약의 실천 속으로 들어간다

세상은 언약과 무관한 자들만 남고
교회에는 언약의 자손들이 나타난다
하나님을 경배하는 보편 교회의 백성들은
공예배와 더불어 천상으로 나아간다

안식일로 주어진 '주일'
거리마다 보이던 성도들의 모습은
더 이상 눈에 띄지 않는다
모두 교회 안으로 들어갔기 때문이다

그러나 지상 교회에도 세상에 속한 자들이 있다
하나님이 그들 중 누구를 불러 가실지 아무도 모른다
그래서 성도들은 이 땅에서 긴장하며 살아간다

세상 한복판에서 선한 경계심을 풀지 않는다

하나님이 세우신 지상 교회는
안식일의 언약적 의미를 바르게 깨달아야 한다
그 '안식의 날' 중심에는
보편교회와 함께 드리는 언약의 공예배가 있다

말씀 선포와 거룩한 성례
찬송과 기도와 축도의 자리는
이어지는 모든 날들을 지배한다

언약 공동체의 고백 현장
천상을 향한 주일 공예배가
성도의 시공간을 지배한다

제4부

무덤 속 세미한 소리

깊은 산골 외진 곳
잔디가 덮인 작은 무덤 하나
그 속에서
세미한 소리가 들려온다

귀를 기울여 본다

'아직도 세상에 탐할 게 그리 많은가'
'나를 보고도 여전히 그런가'
'너도 곧 나를 뒤따라올 것 아닌가'

욕망에 가득 찬 자들을
꾸짖는 음성
죽은 자 앞에서
고개가 절로 숙여진다

가정의 해체 위기

"시부모가 왜 가족이냐"
언론에 실린 눈을 의심케 하는 글귀
이에 동의하는 상당수 젊은이들이
심한 충격을 안긴다

사랑에 대한 기본적 착각
욕망의 도구가 되어 버린 혼인
시대적 슬픈 현상이다.

이기주의에 매몰된 자들
미래의 도움의 손길을 끊으며
외로움의 깊은 수렁에
자기 자신을 밀어 넣고 있다

어리석음에 빠진 젊은이들을 향해
안타까운 심정을 전달할 방법이 없다
망가져 가는 현실을
그저 물끄러미 바라볼 따름이다

망조인가, 바람인가

모든 나라는 부단한 흥망성쇠를 거듭해 왔다
이 땅에 영원히 지속될 나라는 없다

막강한 권세의 바벨론, 페르시아
헬라와 로마, 오스만과 몽골 제국도
패망의 끝을 넘어서지 못했다
오늘의 미국, 러시아, 중국조차
영원할 거라 믿는 자는 없다

하물며, 손바닥만 한 대한민국 정도야
두말할 나위 없다

그러나 각 시대를 살아가는 이들은
자기 나라를 바르게 세우는 일에
적절히 참여해야 할 도덕적 의무를 지닌다
그것은 자신만을 위한 일이 아니다
이웃과 자녀 세대를 위한 봉사의 자리다

가장 위태로운 자들은 개인의 야심과
탐욕에 찌들어 나라를 흔드는 세력과
그들을 추종하는 무지한 무리들이다

좁디좁은 이 땅에 지도자라 자처하며
내일을 외면하는 자들
그들은 순박한 백성을 손쉬운 먹잇감으로 삼고
다음 세대 자손들까지
한입에 털어 넣을 위세를 보인다

사악한 자들은 더 강한 거짓 의분을 토하며
미사여구로 진실을 덮는다

나라는 마땅히 나아갈 길을 잃고
불안한 갈래 길을 헤매고 있다

늙은이들은 살 만큼 살았지만
다음 세대를 생각하면 가슴이 아려 온다

그렇다고 팔짱 낀 채 앉아 있을 순 없다
거짓에 맞서는 시대인의 자세
지혜가 필요함을 오늘, 절실히 느낀다

위기의 가족관계

세상의 모든 기준이 뒤집히고 있다
그리고 그것은 되풀이된다

얼마 전까지만 해도 이 나라를
부계사회라 불렀다

겉으로는 아직 아버지의 성을 따르지만
실상은 모계사회가 자리 잡아 가고
전통적 가족 질서는 더 복잡하게 얽혀 간다

성경의 교훈은 어떠한가?
노아와 아브라함 다윗의 가정
베드로와 바울의 가르침 속엔
남편과 아내의 자리와 역할이 다르다

그러나 풍조에 발맞추기 바쁜 오늘
그 기준은 서서히 사라지고 있다

내일이 어떻게 변하든
오늘만 배부르면 그만인가
우리는 지금 무엇을 무너뜨리고 있는가

기득권의 욕망

정의로운 환경이 서서히 전개될 때
기득권을 놓지 않으려는 자들이
강한 저항 세력으로 등장했다

불의가 기세등등해져 세력화 되자
과거의 정의로운 저항자들은
조용히 자취를 감췄다

이제는 불의를 앞장서 이끄는
기득권 세력, 그 곁의 어용학자들
그 불의에 피해를 입는 가련한 백성들만 남았다

이 세대에 판관이 어디 있으며
이 세대에 참된 학자가 어디 있는가

자기 배를 불리는 일에만
최선을 다하는 기득권층의 욕망
이웃을 위한 정신은 이미 사라져 버렸다
불안하고 슬픈 시대의 풍경이다

반역자

왕이 되고 싶어 안달하는 자들
자기 판단만 옳은 듯 목소리를 높이며
외부 선전에 몰두한다

거짓 주장을 퍼뜨려 물을 흐리고
사방을 기웃거리며 동류를 찾는다

교활한 말로 순박한 자들을 미혹하며
자신의 휘하에 추종자를 불러 모은다

어느새 무리의 어깨를 딛고 올라
위선의 외피를 입은 채 권좌를 낚아챈다

자신의 실체를 폭로하는 자들에겐
모든 수단과 방법을 동원해
무자비한 비방과 공격을 감행한다

참 왕에게 반역을 저지르며 심판의 날을 외면한다
불법한 칼을 휘두르며 거짓된 권세로
자신의 더러운 욕망을 드러내 보일 뿐이다

선생님들의 잇따른 자살

상상조차 하지 못했던 시대가 도래했다
들려오는 선생님들의 자살 소식
어떻게 이런 일이 가능한가

개인의 특수한 사정으로 인한
불현듯 일어난 비극이 아니다
원인을 제공한 자들에 의한 사회적 타살이다
반복되는 시대의 구조적 현실
공교육의 깊은 상처다

과거엔 선생님의 그림자도 밟지 말라 했다
공교육을 위임받은 선생님들의 신분
공적 신뢰의 기반 위에 서 있다
해당 학교의 개별적 관계에만 머물지 않는다

선생님을 경시하는 천박한 나라
자살 소식에도 무심하고 냉정한 사회

분노해야할 때 분노하지 않으면
어둠속 절망이 커져 갈 뿐
희망의 밝은 날을 기대할 수 없다

역사를 뒤흔드는 자들

손에 쥔 기득권을 지키기 위해
역사를 뒤엎으려는 모사꾼들
어제와 오늘, 정반대 주장을 늘어놓으며
부끄러움조차 모르는 철면피가 되었다

그들은 이 땅 곳곳에 세워진
특정 인물의 흉상들을 철거하고 있다
그 일에 앞장선 자들,
'옮긴다'는 말로 기만에 열중한다

홍범도 장군도 그 중심에 서 있다
불과 얼마 전까지 그 흉상 앞에서
조용히 교훈을 새기던 시민들의 가슴이
지금 송두리째 뒤흔들리고 있다

어제의 한국과 오늘의 한국은
단절된 별개의 나라인가

이기적 욕망에 눈먼 자들
무모하게 흉상들을 철거하면서도
그것이 시민의 기억을 짓밟는
반역사적 행위라는 자각은 없다

함께 살아가는 백성은 안중에도 없고
다음 세대에 대한 책임감은 찾기 어렵다

그 흉상들을 통해 역사를 되새기던
백성들 앞에서 그들은 아무렇지 않게
생채기를 내고 의기양양하다
그 뻔뻔함이 되레 집단적 불신을 증폭시킨다

아직 끝나지 않은 이 사태 앞에서
순박한 젊은이들을 바라보자니
마음이 무겁고 다음 세대 앞에
고개를 떨구게 된다

민족적 뿌리를 흔드는 이런 양상이
혹여 교회 안까지 스며들고
절개마저 버릴까 안타깝다

개들의 하소연

이기심에 찌든 인간들
개의 권리를 완전히 박탈하고 있다
개는 개의 신분으로 개처럼 살기 원한다.

그런데 자기밖에 모르는 이기적인 인간들
개를 보고 개 신분을 포기하도록 억누른다
인간처럼 살라며 웃으며 엄포를 놓는다

집 밖에서 개들끼리 모여 마음껏 뛰놀다가
버려진 생선 뼈다귀 한 무더기 발견하면
온 동네 개들의 즐거운 잔칫날 되지 않겠는가

힘없는 개들을 자기 방안에 가두어 둔 채
일평생 전혀 다른 방식으로 심한 고문을 하면서
개에 대한 사랑이라 착각하며 살아가는 인간들

강압적 힘에 억눌려 맥을 못 춘 채
살아남고자 이 짓 저 짓 다하는 모습을 보며
개들이 그것을 좋아하는 줄 안다

인간들의 틈서리에 어울리지 않게 살아가며
고유한 사회성을 완전히 상실해 버린 개들

그것이 마치 개의 일상인 듯 길들여진다

개에게 멋대로 인간의 이름을 갖다 붙이고
자기가 개의 엄마 아빠라 주장하고 있으니
개의 입장에서는 미칠 지경일 것이다

"나를 낳은 엄마 아빠가 분명히 있는데
당신 같은 인간들이 왜 나의 엄마 아빠야"
말 못하는 약자인 개들의 무언의 항의이다

시도 때도 없는 엄마 아빠 소리 불편하지만
저항 능력 없는 개로서는 어찌할 도리 없다
역겨워도 참고 반응하는 것이 생존전략이니
서서히 인간들의 핑크빛 폭력에 길들여진다

개의 신분을 임의로 박탈하는 폭력적 현대인들
힘없는 개로서는 좋아하는 척 참을 수밖에 없다
그래야 밥이라도 얻어먹고 잠이라도 자고
인간의 갇힌 방에서 일시 탈출이나마 가능하니까

'추말자'와 '법'

– 사회와 국가와 교회

1.

물건의 무게를 다는 '추'
곡물의 양을 측정하는 '말'
길이를 재는 '자'
'추말자'는 사회적 필수 규준이다

눈속임으로 부당이득을 취하려는 자들은
약속된 규준 비틀어 혼란한 사회를 부추긴다

2.

국가의 규범인 '법'
그 앞에서 모든 사람은 평등하다.

극한 혼란의 시대
법질서를 선도해야 할 자들이
도리어, 저열한 법기술자가 되어
질서파괴를 선도하고 있다.

자격증을 내민 강도 같은 자들이
큰소리치는 이상한 나라에서

살아가는 측은한 민초들

3.

한편, 주님의 지상교회는
성경, 신앙고백문서, 교회법이
교회 질서의 근간이어야 한다

교회의 권위가 추락한 시대
개인적인 주장을 고집하면
자신과 이웃을 찔러 피 흘릴 뿐
올바르게 성장해 가기 힘들다

하나님을 경외하는 성도들은
자신을 완전히 낮추어
교회적 법질서에 순종해야 한다

'추말자'와 살아 있는 '법'은
공동체를 유지하기 위한
규범적 역할을 감당한다

'김건희법' 유감

개고기 식용 금지법?
개와 인간을 동류로 여기는 자들
자기들 수준에 맞는 법안을 또 올린단다

그렇게 할 일이 없는가
인도인들이 소고기와 육회를 금지하자 하고
아랍과 유대인들이 돼지고기 금지법을 만든다면
그들에겐 뭐라 말할 것인가

내가 아는 한 세계의 눈으로 보아
최악의 혐오 식품이 있다
후쿠시마 오염수에도 불구하고
잘난 정치인들이 TV 앞에서 생선회를 먹는다
그걸 자랑이라 한다

우리는 해삼도 게불도 먹는다,
멍게, 산낙지, 눈앞에서 꿈틀대는
입천장을 공략해 오는 그것들을 날로 먹는다

흐느적거리는 말미잘, 해파리도 먹고
불에 태운 가재, 게, 새우까지 비싼 돈 주고 즐긴다
누에 번데기도 삶아 먹지만

그런 것을 혐오라고 하겠는가

어느 나라든 우리가 먹는 그 음식들을
혐오식품으로 규정해 금지한다면 어찌할까

개고기 식용 금지법, 다시 말하지만
개와 인간을 동류로 여기는 자들 수준의 법이다

백성을 우습게 여기며 대단한 동물 애호가인 양
국법으로 식문화를 쉽게 규제하려는
금배지 달고 권력에 취한 자들

그게 왜 하필 '김건희법'인가?
내 눈엔 권력 앞에 꼬리 치는
강아지들의 천박한 아부로만 보인다

통 큰 나쁜 도둑

도둑이 능력자 행세하는 뒤틀린 세상
통큰 도둑은 스스로 우월감을 가진다

두꺼운 얼굴 아래 창피함은 숨긴 채
덧칠한 거짓을 참인 양 끝까지 우긴다

권세를 도구 삼은 이기주의자
홀로 성공한 듯 착각의 허세에 빠져 허덕인다

통 큰 도둑에게는 거짓뿐인 변명만 살아 있고
진실한 인간성은 애초에 존재한 적조차 없다

오만은 능력처럼 포장되고 속임수는 재능이 되어
사람들의 눈을 피해 조용히 도둑질한다

침묵의 성공은 최고의 미덕인 듯 변신한다
그에 길들인 우민들은 도둑질을 보편가치라 여긴다

국가와 교회 위에 군림하며 사악한 권세를 휘두르는 자들
그들은 감히 신의 자리를 넘본다

제5부

데린쿠유

튀르키예 갑바도키아
그 한편, 데린쿠유 지하도시

깊은 계단을 따라 서늘한 바람을 가르며
지하로, 더 깊이 내려간다

복잡하게 얽힌 좁은 골목
어둠 속에서 기웃거리며 걷는 동안
여러 생각이 불현듯 뇌리를 스쳐간다

이곳에서 고통 속에 살던 자들
무엇을 인생의 목표로 삼았을까?
그들은 어떤 마음으로 한평생을 견뎠을까?

부족한 음식, 불편한 공간
그 속에 괴로움과 불평만 가득했을까?
문득 저 깊은 곳에서
작고 맑은 웃음소리 들려온다

참된 신앙을 가진 이들이었다면
지하에 있던 자신들이야말로
지상에 자유롭게 살던 자들보다

더 복된 이들이라 여겼으리라

고통 속에서도 감사가 넘치던 이들과
자유 속에서도 불만에 찬 이들
그 둘의 차이는 생각보다 더 컸을 것이다

불현 듯 하나의 문장이 뇌리를 때린다
“이건 지나간 과거의 이야기가 아니라
지금 이 땅을 살아가는 우리들의 이야기다”

갈릴리 호수

성경 학도인 내 마음 중심부에
항상 출렁이던 갈릴리 호수
도착하자 무수한 사건과 장면들이
한꺼번에 밀려온다

예수님의 흔적이 가득한 저 물빛을
온몸으로 껴안고 싶은
간절한 마음 억누를 수 없다

자전거로 기점인 티베리아스를 출발해
남쪽 해안 길을 따라 힘껏 페달을 밟는다

요단강 입구를 가로지른 다리를 지나고
다시 오른편 호수를 끼고 한참을 달린다

거라사 땅에 닿자
이천 년 전 몰살당한 돼지 떼가 떠오른다

자전거를 세우고 숨을 고른다

벳세다에 이르러 베드로, 안드레, 빌립
고기잡이하던 젊은 시절을 상상한다

코흘리개 때 그들은 저 물가에서
어떻게 놀았을까, 잠시 미소도 짓는다

가버나움, 베드로의 처가가 있던 곳
아픈 다리가 또 나를 멈춰 세운다

땀범벅으로 주변을 천천히 둘러보니
팔복산이 보이고, 막달라에 이르자
그곳 출신 마리아가 애틋하게 떠오른다

마지막 힘을 내어 페달을 밟는다

갈릴리 호수를 한 바퀴 돌아
티베리아스에 다시 도착하자
하루해가 저물고 피로에 지친 몸이지만

빛나는 성경의 호수를 완독했다는 뿌듯함으로
마음 깊은 곳에서 위로와 평안이 물결친다

바르트부르크 성

– 루터, 하나님의 은신처에서

1521년 봄, 보름스 의회
악한 정죄 앞에 한 사람이 믿음으로 섰다
"나는 하나님 앞에 있다"
마르틴 루터였다

정죄 받은 그날부터
더 이상 자신의 생명을 보장받을 수 없었다
미지의 어딘가로 피신해야 했다

그때, 하나님이 예비하신 사자
작센의 현자 프리드리히 3세 선제후
그가 마련한 은신처, 산정상의 바르트부르크 성

성곽 맨 꼭대기, 구석진 소박한 방 하나
쫓기는 루터에게 새로운 안식처가 되었다

신분을 감추려고 '융커 요르크*'라 불렸다

은밀하게 이루어진 위대한 작업
그 방에서 루터는 신약성경을 독일어로 번역했다

한 권의 책은 민족을 엮는 언어가 되었고

독일을 하나로 묶는 구심점이 되었다

결국 정죄와 핍박을 당한 루터
그러나 하나님이 친히 사용하신 사람

비틀린 권세자들이 내린 불의한 판결 너머
하나님의 뜻은 한 문장, 한 단어 속에서
살아 꿈틀대고 있었다

나는 지금, 그 방 앞에 서 있다
역사의 숨결을 온몸과 마음으로 느끼며

시간이 멈춘 듯 과거가 오늘이 되는
성령의 조용한 호흡 같은 방

* 바르트부르크 성은 독일 중심부에 있다.
* 융커 요르크(Junker Jörg): '요르크 경'이라는 뜻

하이델베르크 언약의 숨결

– 교리문답의 도시를 지나며

고풍스러운 네카르강의 도시
역사의 풍랑을 안고 선 하이델베르크
지상 교회인 언약의 후손들을 위한
복음의 이정표가 세워진 장소였다

로마 가톨릭의 서슬 퍼런 권세에도
'영광의 신학'을 비판하고
'십자가의 신학'을 외쳤던 루터의 용기
그 고백에 커다란 존경이 피어난다

수십 년이 지나 같은 도시에서
우르시누스와 올레비아누스가 작성한
하이델베르크 교리문답은
비틀대는 시대를 굳게 붙잡아 주었다

수백 년 지난 오늘까지
세계 각지의 지상 교회에서
매 주일, 천상의 하나님께 경배하는
보편교회를 지켜 보호해 주고 있다

그 위대한 사건이 일러난 '성령교회'
믿음의 선배들이 남긴 숭고한 언약의 정신이

21세기 우리가 감당할 사명이 무엇인지
심장의 가장 깊은 곳에 질문을 던진다

아프리카의 길 잃은 트럭

수단에서 남수단, 카르툼에서 주바까지
성경책과 전도 책자를 가득 실은
복음의 트럭 한 대가 사막 길을 달린다

백나일 상류 인근 말라붙은 와디(wadi)를 건너
희미해진 지형, 잘못 들어선 낯선 땅
길을 잃은 채 비틀대던 트럭은 고독한 나그네였다

불안감이 서서히 목을 조여 오고
준비해 온 물통은 바닥을 드러내
입 안이 모래밭처럼 바짝바짝 말랐다

그때, 흙탕물 웅덩이를 발견해 간신히 들이켜며
물통을 채우고 위태롭게 전진한 믿음의 트럭으로
천신만고 끝에 도착한 환희의 목적지

동역자들이 반기자 감사와 찬송이 터지고
풀린 두 다리를 버티며 쏟아 낸 희망의 외침
"이제 고국의 가족에게 돌아갈 수 있겠구나!"

봉헤치로의 밤

– 브라질의 작은 한국

반세기 전 고국에서 보따리를 싸 들고
낯선 땅 브라질로 이민을 떠났던 분들
브라질이 어디에 있는지도 몰랐다

처음 타본 배, 오십일 간의 긴 항해였다
영문도 모른 채 부모의 손을 꼭 잡은 아이들
이방인으로 겪었을 말 못 할 투쟁의 세월
고생 끝에 일궈 낸 눈부신 성공이었다

쉽지 않은 그 길을 그들은 묵묵히 걸어 나갔다
이방인들이 터 잡은 상파울루의 봉헤치로는
그렇게 한인들의 역사적 터전이 되었다

밤거리 불빛이 반세기 전의 풍경을 부르고
브라질의 독특한 요리 '페이조아다'
돼지 코와 발, 귀로 만든 하층민의 음식
예사롭지 않은 맛이 내 입엔 잘 맞는다

낯선 땅에 한민족의 흔적이 얼마나 깊은가
이곳을 일구어 낸 알지 못하는
숱한 동포의 얼굴들을 떠올려 본다

Luz역 피아니스트

– 상파울루의 오후

브라질 상파울루 봉헤치로 인근 Luz역
오가는 사람들 분주한 발걸음
그 틈새, 전혀 바빠 보이지 않는 노숙인들이
허름한 자리에 앉아 조용히 세상을 바라본다

손 내미는 이들, 동전 몇 닢 던지는 이들
따뜻한 이들과 냉정한 이들이 뒤섞인 거리
그 사이 남루한 옷차림의 노령의 노숙인이
느린 발로 역 안 낡은 피아노에 다가간다

잠시 위를 올려다보며 생각에 잠긴 듯하다가
손가락을 건반 위에 얹는다
연주가 시작되고, 주변은 의식하지 않은 채
자기감정을 쏟아 내는 손길

그의 연주는 바흐에서 헨델로 흐르고
하모니가 역 천장에 부딪쳐 묵직하게 울린다
나는 숨을 죽이고 바라본다
이는 분명 한때 대단한 연주자였으리라

그러나 그의 과거는 지나갔고
아무도 그를 기억하지 않는다

오가는 사람들은 고개를 돌릴 뿐
클래식 한 곡도 그들을 오래 붙들지 않는다

연주 후 그는 표정 하나 없이 피아노 앞을 떠난다
나는 복잡한 머릿속을 추스른다
그는 언제부터 무슨 사연으로 노숙인이 되었을까?
가족은 있는가? 그를 기억하는 동료들은 알까?

그러다 문득, 어쩌면 지금의 그가 화려했던 과거보다
더 행복할지도 모른다는 생각에 보고 싶어
몇 번이고 찾았으나 그는 다시 나타나지 않았다

날마다 붐비는 Luz역 지나치는 많은 사람들
여전히 앞만 보며 분주한 생활을 이어가고 있다
그 피아니스트를 기억하거나 관심을 갖고
기다리는 사람은 아무도 없어 보인다

나이아가라 폭포

굉음을 터뜨리는 거대한 물기둥
주변을 촉촉이 적시는 물보라

쉴 새 없는 이리호의 폭포수
온타리오호는 묵묵히 받아 품는다

이리호 없이는 온타리오호 없고
온타리오호 없이는 이리호도 넘칠 뿐이다

온타리오호가 물 받기를 거부하면
이리호는 넘쳐 터지고

이리호가 물을 내어주지 않으면
온타리오호는 말라 죽는다

고저 차를 보이며 공생을 이룬 폭포
인간은 그 차이를 계층 삼아
오만하거나 비굴해지지만

나이아가라는 그 장엄한 굉음으로
어리석은 인간들을 교육한다

후쿠시마 핵오염수

후쿠시마 원전의 핵오염수 방류
도대체 누구를 위한 역사적 모험인가
일본인도 아닌 한국의 정치 지도자들이
별 문제 없다며 열을 올려 홍보한다
후일에 심각한 문제가 발생해도
문책은 자신에게 돌아오지 않을 거란
치밀한 계산 아래 움직인다
욕망에 찌든 정치 모리배들
붉은 눈을 치켜세우며 비아냥거린다
저들이 무관심한 다음 세대의 고통의 짐
닥쳐올 갈등의 파고를 생각해 보라
추한 야망의 발톱을 깊이 숨긴 채
해양 생태계를 파괴하고 있는 자들
역사를 넘어 무한한 책임을 져야 할
후쿠시마 핵오염수 방류 지지자들
문제가 생기면 어찌할 것인가
저들이야 그때 무덤 속에 있을지 몰라도
후손들이 겪을 고통은 누가 감당할 것인가
출세를 위해 양심을 팔아넘긴 자들이여
문제없다는 말은 그만 되풀이하고
후세대를 위한 진실한 답변을 내놓으라

부록 | 시의 이력서

제1부

「4월에」 부산 부경신학연구원 강의 있는 날, 2019년 4월 1일

「꽃의 계절」 실로암교회 초등학생인 이지성이 주최한 시페스티벌에 출품한 시. 2023년 3월

「사랑의 한계」 장애를 가진 우리 아들 준우가 14일간 영남대 병원에 입원했다가 퇴원했다. 10일 동안 응급실과 중환자실에서 집중치료를 받고 일반병실에 옮긴 후에도 잘 견뎌준 게 너무 고맙다. 심장이 멎고 급성 간수치가 1000을 훨씬 넘어 사경을 헤맬 때. 의사 간호사 선생님의 의술보다 완벽한 하나님의 손길을 기대했다. 아직 교회와 가정에서 감당해야 할 적지 않은 역할이 그에게 남아 있을 것으로 여기고 하나님께 간구했다. 장애가 있으나 언약의 자녀로서 소중한 순기능적 사명이 있음을 보게 된다. 그동안 관심과 애정을 보여주신 이웃들에 깊이 감사드린다. 영남대학병원에서, 2019년 6월 2일.

「사랑하는 아들을 먼저 보내고」 사랑하는 아들 준우를 대구 한의대 뒤편 부활동산의 무덤에 묻은 날. 2020년 4월 1일

「슬픈 4월 초하루」 경산시 '부활동산'에서 먼저간 아들을 떠올리며, 2021년 4월 1일

「호스피스 병실의 어머니」 2023년 7월 1일

「'언약의 통' 속 어머니」 어머니와 짧은 결별, 2023년 7월 18일

「애도의 축제 현장」 사랑하는 어머니의 장례식에서. 2023년 7월 19일

「칠순」 2024년 10월

「꽃들의 절규」 아내에게 준 선물 시詩. 2007년 4월 11일

「경주 보문호」 실로암 성도들과 함께 '코로나 -19'가 극성을 부리던 봄 앞에서, 2020년 3월 21일.

제2부

「산 자와 죽은 자의 대화」 경북 의성군의 고향 묘소에서. 2023년 가을

제3부

「유년 주일학교 '배하진'」 실로암교회 "히브리서" 사경회 때. 2023년 8월 16-18일

제4부

「역사를 뒤흔드는 자들」 2023년 8월

「선생님들의 잇따른 자살」 2023년 9월 10일

「'김건희법' 유감] 대한민국 국회의원 일부가 윤석열 대통령 부인의 이름을 따 '김건희 법'이란 개고기 식용금지 법안을 올렸다. 법안이 통과되면 나중 자연스러운 문화로 자리잡겠지만 내 눈에는 그것이 아부성 법안으로 보인다. 2023년 9월

제5부

「아프리카의 길 잃은 트럭」 1982년

「봉헤치로의 밤」 2013년 6월. 봉헤치로는 브라질 상파울로의 한인 지역이다.

「Luz역 피아니스트」 2013년 6월

「후쿠시마 핵 오염수」 일본은 2023년 8월 24일 오후 1시 후쿠시마 원전 오염수 방류를 시작했다. 그 오염수는 앞으로 최소한 30년간 지속될 것이라고 한다. 오염수를 방류하는 일본보다 그것을 지지하는 한국의 대통령과 여당 지도자들이 괘씸하다. 그들은 그 위험성을 언급하는 자들을 괴담 유포자로 몰아붙이며 순박한 백성들을 기만하며 무책임한 행동을 이어가고 있다.

해설

■ 해설

일상의 언어로 묵상한 삶과 세계의 본질

박부민 시인

가슴으로 토해 낸 시

『하늘 두 번 쳐다보고, 땅 한 번 내려다보고』는 일흔을 넘긴 이광호 목사의 첫 시집이다. 이 시집은 단순한 감정의 표출이나 회고적 글쓰기에 그치지 않는다. 평생 신앙과 목회의 길을 살아온 이가 진실한 가슴으로 써 내려간 삶의 사유록이다. 또한 보기 드문 신학적 감성과 목회적 성찰이 녹아든 정직한 고백과 서정의 집합체다.

「시인의 말」에서 밝히듯, 논리 중심의 목회 언어에서 벗어나 가슴으로 토해 낸 감성은 이 시집 전체를 관통하는 기조를 이룬다. 목사직을 은퇴한 후, 한 인간으로, 한 아버지로, 한 시인으로 다시 선 이광호는 그 어떤 수사적 장치보다 더 강력한 진심으로 이 시집을 엮었다.

무엇보다 설교자가 아닌 고백자의 언어로 충만하다. 인위적 수사보다는 삶에서 스며나온 감정이 시가 되었고, 신앙의 교리보다는 신자의 눈물이 시어가 되었다. 시인의 삶 전반을 관통하는 내밀한 울림은 독자에게 단순한 문학적 향유를 넘어서서 신앙적 성찰의 자리를 제시한다. 이는 어떤 웅변이나 설교보다 강력한 시적 설득이며, 한 평생을 걸친 사유의 열매이기도 하다.

총 5부로 구성된 이 시집은 각각 뚜렷한 주제를 지닌다. 시인이 가슴에 품고 살아온 신앙과 삶, 고통과 감사, 사랑과 죽음, 교회의 혼란과 희망, 그리고 사회와 세계에 대한 성찰과 복음적 위로까지 아우르는 총체적 응시와 고백이다.

1. 존재의 고통과 부활의 신앙

제1부는 사적 기억과 체험을 바탕으로 한다. 봄과 꽃이라는 이미지로 시인이 감내한 깊은 개인적 슬픔을 경건하게 견디는 신앙의 심성을 형상화한다. 첫 시인 「4월에」는 봄의 아름다움과 함께 꽃샘추위 속의 꽃잎을 통해 존재론적 통찰을 제시한다. 이는 인생의 되돌릴 수 없는 선택, 불가피한 고통 속에서도 새로운 생명의 기운을 끌어올리는 서시로 기능한다.

나뭇가지들이
감추어 두었던 꽃망울을 터뜨려
세상이 화려하다

그런데 사월 초하루
꽃샘이 꽃들을 겁박한다
아름다움을 시기한 듯
찬 기운을 몰아친다

이미 핀 꽃들은

환경을 견뎌야 할 뿐
망울 속, 가지 속
태반으로 되돌아갈 수는 없다

꽃은 깜짝 추위에 떨고 있어도
수영강도, 온천천도
여전히 아름답다

봄은 견디는 자를 위해 온다
떨리는 꽃잎마다
은총은 출렁이며 깃든다

-「4월에」 전문

시집 전체를 관류하는 시 정신은 바로 이 부활의 신앙에 근거한다. "봄은 견디는 자를 위해 온다 / 떨리는 꽃잎마다 / 은총은 출렁이며 깃든다"는 진술은 자연에 대한 시적 응시와 신앙의 은유가 절묘하게 결합된 언표이다. "견디는 자", "떨리는 꽃잎", "은총"이라는 시어는 고난과 은혜, 생명의 섭리를 연결 지으며 독자에게 진한 여운을 남긴다. "망울 속, 가지 속 / 태반으로 되돌아갈 수는 없다"는 구절에서 보듯, 삶은 거역할 수 없는 계절의 소환이며 존재의 도약이다. 꽃샘추위 속 떨고 있는 꽃잎은 죽음을 이겨 낸 부활, 생명의 은총으로 형상화된다.

반복되는 꽃의 이미지(「꽃들의 공격」, 「꽃의 계절」, 「꽃들의 절규」)는 단순한 자연의 생명이 아니라 삶과 죽음, 아름다움과 고통,

소망과 슬픔을 상징하는 시적 장치로 기능한다. 꽃은 생명을 드러내는 동시에 고통을 환기시키고, 아름다움 속에 숨어 있는 인간 조건의 모순을 폭로한다. 꽃을 통해 시인은 신자의 고백뿐 아니라, 한 인간으로서의 본질적 물음을 되묻는다.

이러한 생의 역설은 「사랑의 한계」에서 절정을 이룬다. 병상에 누운 아들을 위해 "대신 아파줄 수는 없다"는 고백은 인간 사랑의 절절한 한계에서 신적 사랑의 무한성으로 전이된다. 이는 고통을 통해 하나님의 섭리를 체득해 나아가는 믿음의 여정이기도 하다.

특히 「사랑하는 아들 먼저 보내고」나 「호스피스 병실의 어머니」 같은 시편은 육친의 이별이라는 극한의 고통을, 신앙 안에서 감내하는 시인의 세계관을 보여준다. 아들을 향해 "수없이 조르듯 말하던 아이 / 우리는 손을 맞잡고 / 교회와 사회, 나라를 위해 / 함께 기도하곤 했다"는 회고는 단순한 그리움이 아닌, 공동체를 위한 기도의 정신이 세대를 관통하는 모습으로 독자에게 각인된다. 이는 「'언약의 통 속' 어머니」 「애도의 축제 현장」 등으로 이어지며, 이별을 통한 신앙의 영속성과 공동체적 유산을 더욱 강조한다.

이광호의 시에서 가장 뚜렷한 미덕은 이러한 체험의 언어를 지나치게 감상적으로 소비하지 않는다는 점이다. 그는 "감상"보다는 "고백"을, "치장된 정서"보다는 "벌거벗은 체험"을 택한다. 아비로서 혹은 아들로서의 감정은 차라리 절제된 고통으로 독자에게 진심을 던진다. 이는 오히려 더 깊은 울림을 만들어 낸다.

2. 자연과 감각, 관계의 재해석

이광호의 시는 자연과 계절을 주요한 소재와 주제의 하나로 삼는다. 제2부에서, 그에게 자연은 단지 배경만이 아니라 신앙과 존재론적 성찰의 장이다. 「홑바위 섬」은 외로운 바위 하나가 실제로는 해저 산맥의 정점임을 밝히며, 진정한 힘은 보이지 않는 깊은 곳에 있음을 노래한다. "바다는 낮은 곳에 있으나 / 진정 높은 것은 / 깊은 곳에 깃든다"는 구절은, 겉모습에 현혹된 세상과 대비되는 진리의 은유로 읽힌다.

시인의 감각적 성찰은 「빛과 색」에서 빛난다.

색깔은 빛을 먹고 살아간다
예쁜 꽃들의 아름다운 색은
빛의 힘으로 비로소 드러난다

깜깜한 흑암 속에서는
빨주노초파남보의
찬란한 아름다움도
무색으로 돌아간다

밤이면 모든 색은 그렇게 사라진다
눈에 보이지 않는 것이 아니라
빛이 사라져 본래의 무색으로 돌아간다

그러나 또다시 빛이 비치면
숨죽였던 색상은 살아나고

낮의 아름다움은 다시 피어난다

우리는 색을 즐기며
빛의 고마움을 자주 잊는다
아름다움은 스스로 빛나는 것이 아니라
비추는 빛 위에 서 있을 뿐이다

-「빛과 색깔」 전문

이 시는 색이 빛 위에 서야만 존재할 수 있음을 강조하며, 진실과 아름다움의 조건으로서의 '비춤'을 역설한다. "아름다움은 스스로 빛나는 것이 아니라 / 비추는 빛 위에 서 있을 뿐이다"는 진술은 신앙적 은유를 넘어 철학적 성찰로 확장된다. 이는 인간은 존재론적으로 자기 외부의 힘, 타자의 도움 없이는 살 수 없는 연약함을 지니고 있음을 말한다. 먼저는 창조주 하나님 앞에서의 삶이요, 인간 사회 역시 그 원리 위에서 서로 도우며 살 수밖에 없는 관계임을 말한다. 이는 기독교 신앙의 근본이자 자고로 사회 윤리의 기반이기도 하다.

「옛날과 지금」은 한 세대의 가치 전복과 권위의 해체를 선명한 반복 구문으로 묘사해 사회 변화에 대한 시인의 우려와 안타까움을 동시에 드러낸다. 또한 「산 자와 죽은 자의 대화」는 "무덤 속 들여다보면 너희 미래가 보인다"는 문장을 통해 죽음이라는 경계에서 바라본 생의 성찰을 극대화하며, 망자의 음성으로 살아 있는 자들을 경책한다.

「음식 맛」은 겉으로는 일상을 다루지만, 신뢰가 무너진 시대에 참된 관계와 정직한 기쁨이 무엇인지를 묻는다. 이는 가장 소박한 소재를 통해 감각 윤리의 본질을 성찰한다. 음식이라는 외적 요소보다, 그것을 만든 사람과 함께 먹는 사람에 따라 맛이 달라진다는 통찰은, 타자 중심의 신학과 감각적 관계의 윤리를 시적으로 구현한 예라 할 수 있다. 즉, "음식 맛은 음식물 자체가 아닌 / 사람에게서 난다"는 결론은, 삶의 진정한 풍미가 사람과 사람 사이의 신뢰와 사랑에서 비롯된다는 강력한 메시지를 전한다.

「돈 돈 돈」이나 「공부의 목적」과 같은 시들은 사회 구조에 대한 윤리적 비판을 담는다.

> 거짓 지혜에 눈먼 인생들
> 스스로 만든 투명 유리 속에 갇혀
> 물질의 노예가 된 줄도 모르고
> 그 자리를 점점 굳혀간다
>
> 유리벽 너머를 어슬렁거리는 자들은
> 부러움의 눈길을 보내고
> 그 안의 자들은 오만한 얼굴로 으스대며
> 본질을 착각한 채 위선을 연기한다

- 「돈 돈 돈」 부분

이 시는 "돈"이라는 물질적 가치가 인간 삶을 어떻게 지배하고 왜곡시키는지를, 강한 비판 의식과 선명한 이미지로 드러낸 풍자적 묵시시默示詩이다. 특히 '투명 유리'라는 상징은 욕망의 자발적 감금과 위선을 절묘하게 포착하며, 자기기만의 현대인상을 강하게 드러낸다. 마지막 두 연에서 '유리벽' 안팎의 구조를 통해 욕망의 계층화된 구조와 사회적 위선을 상징적으로 형상화했다. 특히 "죽은 뒤 손에 쥔 돈다발은 / 한낱 쓰레기에 지나지 않는다"는 선언은 물질만능주의 시대에 던지는 강력한 경고이다. 이 시편들 속에서 시인은 단순한 도덕주의자가 아니라, 철저히 삶의 본질을 고민하는 '삶의 목회자'로서 존재한다.

3. 교회의 현실과 기독교적 통찰

제3부에서는 한국 교회와 신앙 현실을 정면으로 마주한다.

나는 인간이 겪는 고통의 성질에 대해
묵상하다 문득 생각에 머문다

아무리 날카로운 가시라 해도
사도 바울의 가시엔 비할 수 없고

칼빈의 고단한 병상 위 눈물 앞엔
그저 조용히 머리 숙일 수밖에 없다

믿음의 선배들이 감내한
극한의 고통을 떠올리며

내 가시를 묵묵히 바라본다

-「가시」 부분

고통의 흔적 위에 시인은 고백한다. "고통은 집단 폭행이나 거대한 슬픔만이 아니다 / 때로는 보이지 않는 단 하나의 가시로도 / 사람을 무너뜨릴 수 있다."는 고백은 고통의 실체에 대한 신앙적 해석을 통해 고난의 신학과 사명론으로 이어진다. 시인은 바울의 가시를 언급하며 이런 보편적 고통을 통한 성숙의 길을 되새긴다.

시 「구겨진 도화지」는 인간관계의 본질적 단면을 드러낸다. 순수한 의도가 오해를 낳고, 신뢰가 왜곡되는 시대 속에서, 시인은 '구겨진' 관계의 무게를 담담하게 그러나 결코 무겁지 않게 노래한다. 이는 곧 현대인의 상처에 대한 시인의 부드러운 위로이며, 복잡한 인간 조건에 대한 목회적 연민의 시학이다.

조건 없이 베푼 도움의 손길
그는, 그게 성도의 사랑인 줄 알았다.
이웃을 위한 순수한 배려로 받으리라 여겼다.
(중략)
구겨져 버린 하얀 도화지
부자연스런 뒤틀린 관계
신뢰의 근본이 파괴된 세상이 두려운가 보다

-「구겨진 도화지」 부분

이러한 삶과 사역의 기준 위에서 현실을 바라본 시인은 상당한 절망감과 의분을 나타낸다. 이는 「은밀한 말잔치」, 「무자비한 사탄의 공격」으로 이어지며, 인간 내면의 탐욕과 사회의 모순을 신앙적 언어로 폭로하는 일련의 고발 서정시로 확장된다.

「불신 시대」, 「온전한 예배 참여」, 「배도의 시대 교회 양상」, 「주일과 공예배」 등은 공예배의 본질과 예배자의 태도, 그리고 직분자의 사명을 짚는 신앙의 시편이다. 단순한 교회 출석이 아닌 진정한 참여와 경외, 그리고 말씀 중심의 예배를 강조한다. 신앙의 형식화와 이성주의적 종교 습관에 대한 비판도 함께 담았다. 이 시들은 오늘날 배도背道의 시대를 사는 교회의 모습에 대한 예언자적 통찰과 비판, 신실한 자들의 절박한 몸부림을 담아 낸 강력한 고백시이다.

「언약 공동체」는 참된 교회를 세우기 위한 소수의 신실한 이들을 그리며, 역설적으로 지상의 교회 안에서조차 배교와 권세욕이 팽배한 현실을 적나라하게 드러낸다. "천박한 야망을 탑처럼 쌓는 종교꾼들 / 무지한 백성을 개고기 삼아 즐긴다"는 표현은 충격적인 고발이지만, 그 안에는 교회에 대한 시인의 애정과 절망이 동시에 깃들어 있다. "세상의 것으로 치장된 화려한 외양 / 속은 썩어 문드러진 부패한 심성"과 같이 절박한 진단은, 그가 목회자로서 지녀 온 영적 분별력과 책임감의 발현이다.

이런 중에 「유년 주일학교 배하진」은 특별한 위치를 점한다.

사경회 후 하진이가 작은 입술로 건넨 말

“목사님, 오래오래 우리에게
성경 말씀 가르쳐 주세요”

신앙의 취향 따라 환경에 반응하는 어른과 달리
말씀을 사모한 하진이의 말이 심장을 울렸다
연한 입술로 전한 가장 강한 메시지
사명에 다시 불이 붙는다

-「유년 주일학교 ‘배하진’」 부분

이 시는 ‘유년의 입술’과 ‘선지자적 울림’이라는 역설적 조화를 통해 감동을 배가시킨다. 어린이의 맑은 신앙을 통해 성인 신앙의 약점을 반추하게 하는 반전의 시편이다. "목사님, 오래오래 우리에게 / 성경 말씀 가르쳐 주세요"라는 말은, 신앙이 쇠락한 기성세대에 대한 묵직한 반문이며, 교회가 본래의 자리로 되돌아가야 한다는 소명의 목소리이다. 특히, 목회 활동 내내 성경 전권에 대한 주해집 수십 권을 순차적으로 저술해 온 이광호 목사의 보람과 목사의 진정한 사명이 무엇인지를 방증한다.

4. 사회적 성찰과 윤리적 비전

제4부의 시편들은 보다 현실적이며 공공적이고 사회적이다. 시인은 단지 사적 일상과 고통에 머무르지 않고 이 시대의 위선과 구조적 불의를 예리하게 응시한다.

깊은 산골 외진 곳
잔디가 덮인 작은 무덤 하나
그 속에서
세미한 소리가 들려온다

귀를 기울여 본다

'아직도 세상에 탐할 게 그리 많은가'
'나를 보고도 여전히 그런가'
'너도 곧 나를 뒤따라올 것 아닌가'

욕망에 가득 찬 자들을
꾸짖는 음성
죽은 자 앞에서
고개가 절로 숙여진다

-「무덤 속 세미한 소리」 전문

시인은 삶과 죽음을 하나의 연속선상에서 바라보며, 인간의 욕망을 비웃는 듯한 '죽은 자의 음성'을 불러낸다. 이 죽은 자들의 목소리는 생존을 위한 정당화에 몰두한 현대인을 향한 묵시적 경고이며, 동시에 인간 조건에 대한 초월적 관점을 회복하려는 시인의 신앙적 윤리이다. "아직도 세상에 탐할 게 그리 많은가"라는 구절을 통해 탐욕에 찌든 현대인들에게 죽음이 주는 윤리적 물음을 강하게 던진다.

「가정의 해체 위기」, 「위기의 가족관계」는 세속적 욕망과 무책임한 개인주의가 가정 질서를 무너뜨리고 있음을 탄식한다. 이 모든 시는 특정 사건이나 현상에 대한 즉흥적 반응이 아니라, 한 시대를 겪어 온 신앙인의 농축된 혜안과 경륜적 성찰의 결과이다.

시인의 현실적 역사 감각이 극대화된 「역사를 뒤흔드는 자들」은 "흉상들을 철거하면서도 / 그것이 시민의 기억을 짓밟는 반역사적 행위라는 자각은 없다"는 구절에서 보듯 역사적 기억과 국가 정체성에 대한 시인의 분노가 그대로 담겨 있다.

「선생님들의 잇따른 자살」에서는 "원인을 제공한 자들에 의한 사회적 타살이다"라는 날카로운 문장이 사회구조적 비극을 명징하게 드러낸다. 또한 「추말자와 법」에서는 "자격증을 내민 강도 같은 자들이 큰소리치는 이상한 나라"라는 비유로 법질서와 사회윤리의 붕괴를 한탄한다. 「기득권의 욕망」, 「반역자」, 「개들의 하소연」, 「김건희법 유감」, 「통 큰 나쁜 도둑」 등은 현실을 정확히 꿰뚫는 날선 통찰로 가득하며, 풍자를 넘어 사회구조에 대한 도덕적 울분을 담고 있다.

이는 시인이 목회적 언어를 넘어, 공공 담론 속 정의와 생명, 책임을 묻는 비평가의 언어를 구사하고 있음을 보여준다. 단순한 분노가 아니라, 정의의 회복을 위해 기도하고 사유하는 한 시민이요 목사의 참언讒言이다. 시인은 도덕적 좌표를 세우기 위한 문학의 기능을 신실하게 감당하고 있으며, 이는 목사로서의 설교적 언어와 시인으로서의 서정이 강하게 맞물린 진실한 발화發話이다.

시인은 때로 풍자적이고 격정적으로 표현하면서도, 본질은 신앙인의 양심에 기반을 두고 있다. 그는 무분별한 법률 제정이나 생명의 경시, 교권의 무력화 앞에 신자들이 침묵해서는 안 된다는 점을 반복적으로 말한다. 인간 내면의 탐욕과 사회의 모순을 신앙적 언어로 폭로하는 일련의 고발 서정시로 확장한다. 이러한 시편들에는 구약의 예언자적 톤이 감지된다. 비판은 날카롭지만 그 끝은 반드시 은총과 회개의 가능성으로 열린다.

5. 세계 역사적 현장과 영성의 발화

제5부는 시인이 세계를 두루 여행하거나 시사적으로 얻은 지구적인 성찰의 공간이다.

성경 학도인 내 마음 중심부에
항상 출렁이던 갈릴리 호수
도착하자 무수한 사건과 장면들이
한꺼번에 밀려온다

예수님의 흔적이 가득한 저 물빛을
온몸으로 껴안고 싶은
간절한 마음 억누를 수 없다
(중략)
갈릴리 호수를 한 바퀴 돌아
티베리아스에 다시 도착하자

하루해가 저물고 피로에 지친 몸이지만

빛나는 성경의 호수를 완독했다는 뿌듯함으로
마음 깊은 곳에서 위로와 평안이 물결친다

-「갈릴리 호수」 부분

이 시는 성경적 공간을 현실적 체험과 연결시킨다. 성경의 지리를 탐방하는 자전거 여정은 믿음의 순례이다, "빛나는 성경의 호수를 완독했다"는 문장은 지리적 공간이 곧 영적 독서의 현장이 된다는 신선한 표현이다. 갑바도키아의 지하도시를 배경으로 한 「데린쿠유」, 하이델베르크 성령교회를 배경으로 한 「하이델베르크 언약의 숨결」 등은 모두 장소에 묶인 신앙의 기억과 실존적 고민을 안고 있다.

특히 루터의 피신처였던 「바르트부르크 성」에서는 루터의 신약성경 번역이라는 역사적 순간이 목회자의 현재와 교차하며, 사명에 대한 회한과 "하나님이 친히 사용하신 사람"이라는 희망이 교차한다. 이 여행들은 "21세기 우리가 감당할 사명이 무엇인지 / 심장의 가장 깊은 곳에 질문을 던진다"(「하이델베르크 언약의 숨결」)는 고백에 나타나듯 관광이 아닌 순례였으며 보고 듣는 일이 아니라 깨닫고 돌아보는 일이었음을 보여준다.

「Luz역 피아니스트」은 이 시집의 정서적 절정이다. 이광호 시인이 더욱 지향할 듯한 윤리적 시선의 확장을 예감케 하는 시편이다. 연주를 통해 묵묵히 자기 삶을 증언하는 노숙인 피아니스트. 그에 대해 시인은 “분명 한때 대단한 연주자였으리라 // 그러나 그의 과거는 지나갔고 / 아무도 그를 기억하지 않는다”고 애틋하게 말한다.

그렇게 이광호 시인은 사회가 버린 자들이 지닌 내면의 위대함과 인간 고유의 흔적을 조명한다. 무명의 피아니스트를 통해, 인간 존재의 참된 가치가 과거의 명성보다 현재의 진실성에 있음을 역설하는 것이다. 한 인생을 연민이 아닌 존엄의 시선으로 바라보는 이런 자세는 단순한 낭만적 감상이 아니다. 낮은 자리에 임한 하나님의 시선을 닮으려는 진중한 윤리의식의 산물이다.

일상에서 삶과 세계의 본질을 묵상하다

「시인의 말」처럼 시인의 “가슴에서 토해 낸 감성”이 머리의 논리를 넘어설 때, 시는 비로소 사람과 하나님 사이를 잇는 다리가 된다. 이광호 시집 『하늘 두 번 쳐다보고 땅 한 번 내려다보고』는 삶과 신앙, 역사와 자연, 개인과 사회를 모두 아우르는 한 신앙인의 정직한 시적 고백서이이다.

주목할 점은 은퇴 후의 회고와 감상에 머무르지 않고, 예언자적 감수성과 고백 신앙의 진실함을 동시에 천착하고 있다는 점이다. 이 시집은 자신의 생애를 솔직하게 직시하며, 그 삶을 미화하지 않고 증언한다. 삶과 세계의 본질을 신자의 시선으로 해석하고 정직한 일상의 언어로 시적인 묵상을 풀어낸다.

벌써 칠순이라니 문득 떠오른다
북두칠성, 일곱 개의 거대한 별들
서로 다른 자리에 있지만
하나의 별자리를 이룬 그 모습

하나님께서 이끌어 오신 삶
이제야 비로소 철이 들었는지
마음 따뜻하게 돌아볼 수 있다

-「칠순」 부분

시인은 지금까지의 삶을 "천방지축 마음 가는 대로 흘러왔"다며 “이제야 철이 들었다”고 요약한다. 겸허하고 따뜻하게 회고하면서도, 그 안에 "역사하신 하나님께 감사하다"고 분명히 고백한다. 회한과 기쁨, 유년과 노년이 교차하는 시적 자리는 인간의 나약함과 하나님의 절대성을 함께 품은 성찰의 공간이다.

『하늘 두 번 쳐다보고 땅 한 번 내려다보고』라는 시집 제목은 단순한 자연 관찰을 넘어서 신앙인의 본질적 세계관을 반영한다. 즉, 창조주 하나님을 먼저 우러르고, 그 하나님의 관점으로 인간의 삶과 세계를 다시 살펴보는 참 사람과 종從으로서의 좌소를 함축한다. 이광호는 이제 공적인 목사직을 마치고, 사람으로, 순례자로 그리고 마침내 시인으로 이 땅에 서 있다.

이 시집은 지나치게 세공되지 않은 풋풋한 감동과 신앙적 성찰, 존재적 질문을 동시에 건네준다. 강단의 논리와 신학적 교리를 거친 신자의 기도이며, 겸허한 인간의 눈물이자 시인의 고백이다. 복음을 가슴으로 증언하는 감성과 성찰의 지도이며, 신앙의 여정이자 문학의 열매이다.

따라서, 이광호의 시들은 버젓한 시가 되기 위해 몸부림치진 않는다. 진심이 시가 되는 결과를 증명하는 생생한 증언이며, 이 시대에 필요한, 가슴으로 토해 낸 감성과 윤리의 시로 기억될 만하다. 이 시집은 한 신자의 인생 전체를 꿰뚫는 일기장이며 삶과 세계의 본질을 응시하고 묵상한 또 하나의 '시편'으로 자리한다.

이광호 시인

1954년 경북 의성에서 출생. 영남대학교와 경북대학교대학원에서 법학과 서양사학을 공부했으며, 고려신학대학원(M.Div.)과 ACTS(Th.M.)에서 신학일반 및 조직신학을 공부한 후 대구가톨릭대학교(Ph.D.)에서 선교학을 위한 비교종교학을 연구하였다. 홍은개혁신학연구원에서 성경신학 담당교수를 비롯해 고신대학교, 고려신학대학원, 영남신학대학교, 브니엘신학교, 대구가톨릭대학교, 숭실대학교 등에서 학생들을 가르쳤으며, 이슬람 전문선교단체인 국제WIN선교회 한국대표, 한국개혁장로회신학교 교장을 지냈다. 실로암교회 담임목사직에서 퇴임하고 현재는 보편교회에 속한 목사로서 국내와 해외 여러 지역의 교회들을 방문하여 설교와 사경회, 그리고 다양한 신학세미나를 인도하고 있다. 저서로 『구약신학의 구속사적 이해』 『신약신학의 구속사적 이해』 『바울의 생애와 바울신학』 『시대분별과 신학적 관심』 『세계선교의 새로운 과제들』과 창세기부터 요한계시록까지 수십 권의 신구약 주해서를 출간하였고 곧 『시편』을 출간할 예정이다.

열린시선 18 이광호 시집

하늘 두 번 쳐다보고 땅 한 번 내려다보고

지은이 / 이광호
펴낸이 / 김윤환
펴낸곳 / 열린출판사
출판공급 / 열린출판디자인

1판 1쇄 펴낸 날 | 2025년 07월 21일
등록번호 / 제2-1802호
등록일자 / 1994년 8월 3일
주소 / 경기도 시흥시 하중로 203(3층)
전화 / 02-2275-3892
팩스 / 050-4417-3892
이메일 / pomreview@daum.net

* 이 도서의 국립도서관 출판도서목록은 서지정보유통서비스시스템 홈페이지와 국가자료 공동목록시스템에서 이용하실 수 있습니다.

IISBN 978-89-87548-62-3 (03810)
값13,000원